W0198565

KINDHEIT
IN DER DDR

Unser Jahrgang 1949

BILD
UND
HEIMAT

Einleitung 1949

Bau auf, bau auf!

Wir werden im Jahr 1949 geboren. Wahrhaftig ein Grund zum Feiern, aber auch zum Zurückblicken auf Geleistetes und Erlebtes. Wir werden in ein bedeutungsvolles politisches Jahr hineingeboren. Denn 1949 ist auch das Geburtsjahr der beiden deutschen Staaten. Die Trennung Deutschlands ist somit besiegelt.

Die härtesten Nachkriegsjahre sind vorüber und die Menschen haben gute Gründe, endlich wieder nach vorn zu blicken. Zwar prägen Steinwüsten noch immer das Bild der Städte und ist die Versorgungslage weiterhin angespannt, doch helfen unsere Eltern tatkräftig dabei mit, das Land von den Trümmern zu befreien und neu aufzubauen. Wir sind Kinder der DDR und auch an uns geht die Zeit der sozialistischen Planerfüllung nicht spurlos vorüber. Wir müssen früh mit anpacken, und die Dinge, die wir uns mühsam erarbeiten, bedeuten uns viel. Von Anfang an lernen wir, uns durchzubeißen, und wir werden zu widerstandsfähigen, erfindungsreichen und kämpferischen Menschen. Unser Leben lang können wir auf die Erfahrungen unserer Kinderjahre zurückgreifen und somit auch später manch schwierige Situation meistern. Wir haben allen Grund, heute zurückzuschauen und uns bewusst zu machen, was in den letzten Jahrzehnten aus Deutschland und uns geworden ist. Wir waren Zeugen bedeutender politischer und gesellschaftlicher Ereignisse und bewegter Jahrzehnte. Stolz können wir darauf sein. Schließlich haben wir einiges erreicht!

Weltgeschehen 1949

Wichtige Ereignisse
1949

Unser Geburtsjahr ist das vierte Nachkriegsjahr. Die vier Besatzungsmächte fällen folgenschwere Entscheidungen und besiegeln die Teilung Deutschlands. Die Gründung der Bundesrepublik Deutschland am 23. Mai und der Deutschen Demokratischen Republik am 7. Oktober sind die Ereignisse des Jahres 1949. Ein kleiner Überblick über weitere wichtige Geschehnisse in unserem Geburtsjahr:

Januar
Polen gliedert die früheren deutschen Ostgebiete ins polnische Staatsgebiet ein.

04.04.
Gründung des Nordatlantik-Paktes (NATO)

12.09.
Theodor Heuss wird erster Bundespräsident.

01.10.
Gründung der Volksrepublik China

11.10.
Die provisorische Länderkammer und die provisorische Volkskammer wählen SED-Vorsitzenden Wilhelm Pieck zum Präsidenten der DDR. Er bekleidet dieses Amt bis zu seinem Tod 1960, danach wird es abgeschafft.

12.10.
Otto Grotewohl wird erster Ministerpräsident der DDR. In seiner Antrittsrede beurteilt Grotewohl die Regierung der DDR als eine Regierung der Arbeit, der Demokratie und des Friedens.

Politik
1949

Berlin, 11. Oktober 1949:
Der neue Staatspräsident Wilhelm Pieck (l.) mit Otto Grotewohl

Deutschland teilt sich. Noch ein Jahr zuvor hatten Hunderttausende vor dem Reichstag in Berlin für die Freiheit demonstriert. Doch nun werden alle Hoffnungen, Ost- und Westdeutschland könnten zu einer Einigung kommen, zerschlagen. Die Fronten zwischen den westlichen Alliierten und der Sowjetunion sind zu verhärtet. Die Berlin-Blockade wird nach einem Jahr am 12. Mai aufgehoben, die Berliner Luftbrücke jedoch noch bis Oktober aufrechterhalten. Mehr als eine Million Tonnen Nahrungsmittel befördern die berühmten »Rosinenbomber« bis dahin nach Westberlin. Die Berlin-Frage spielt stets eine wesentliche politische Rolle.

Zwei deutsche Staaten werden gegründet, wobei die DDR-Gründung zunächst keine Anerkennung im Westen findet. Auch glauben die

DDR-Flagge

Neben der Erarbeitung einer Verfassung wurde der Volkskongress mit dem Entwurf einer Nationalflagge beauftragt. Zur Auswahl standen eine rote, eine schwarz-weiß-rote und eine schwarz-rot-goldene Flagge. Zwar war die Sowjetunion zunächst gegen Letztere, doch billigte sie schließlich den Vorschlag. Man einigte sich auf die traditionellen Farben der Weimarer Republik: Schwarz-Rot-Gold. Erst zehn Jahre später fügte die DDR ihr Staatsemblem, Hammer und Zirkel im Ährenkranz, hinzu, um sich von der der Flagge der Bundesrepublik abzugrenzen.

Menschen noch nicht daran, dass diese Teilung von Dauer sein wird.

In der Sowjetischen Besatzungszone (SBZ) finden am 15. und 16. Mai Wahlen zu einem »Deutschen Volkskongress« statt. Am 29. Mai wählt der Kongress einen Deutschen Volksrat, der am 30. Mai den »Entwurf einer Verfassung für die Deutsche Demokratische Republik« veröffentlicht. Der verfassungsrechtliche Rahmen ist somit abgesteckt. Am 7. Oktober 1949 konstituieren sich die Mitglieder des Deutschen Volksrates zu einer »provisorischen Volkskammer der Deutschen Demokratischen Republik«. Er geht als Tag der Republik in die DDR-Geschichte ein. Hauptstadt der DDR wird Berlin (Ost).

Am 11. Oktober wählt die provisorische Volkskammer gemeinsam mit der provisorischen Länderkammer Wilhelm Pieck als ersten Präsidenten der DDR. Mit der Regierungsbildung wird Otto Grotewohl beauftragt. Von den 18 Mitgliedern der frischgebackenen DDR-Regierung gehören acht der SED an, vier der CDU, drei der LDP, einer der NDPD und einer der DBD; ein Mitglied ist parteilos. Das Politbüro lässt der SED eine führende Rolle im zentralen Staatsapparat zukommen.

DDR-Hymne

Die junge DDR benötigte eine Nationalhymne, die Wilhelm Pieck kurz nach ihrer Gründung beim Komponisten Hanns Eisler (l.) und Dichter Johannes R. Becher (r.) in Auftrag gab. Schon am 7. November wurde sie anlässlich des Jahrestags der Oktoberrevolution in der Berliner Staatsoper erstmals dargeboten. Die Hymne verkörperte Fortschritt und beinhaltete folgenden Verweis auf die Einheit Deutschlands: »Auferstanden aus Ruinen und der Zukunft zugewandt, laß uns Dir zum Guten dienen, Deutschland, einig Vaterland.« Mit Erich Honeckers Machtübernahme verschwand der Text aus dem öffentlichen Leben, und es wurden nur noch die Noten gespielt und abgedruckt.

Chronologischer Überblick 1949

Ereignisse in der DDR
1949

Unser Geburtsjahr ist das Gründungsjahr der Deutschen Demokratischen Republik. Mit Wilhelm Pieck als Präsidenten und Otto Grotewohl als Ministerpräsidenten geht am 7. Oktober 1949 aus der SBZ die DDR hervor. Gleichzeitig tritt auch die erste Verfassung der DDR in Kraft. Darin ist in Artikel sieben auch die Gleichberechtigung von Mann und Frau verankert. Der 7. Oktober ist fortan als Tag der Republik unser Nationalfeiertag, der alljährlich mit einer großen Militärparade gefeiert wird. 1949 geht als entscheidendes Jahr für unser Heimatland und den Rest der Welt in die Geschichte ein.

JANUAR

Aufnahme des Freien Deutschen Gewerkschaftsbundes (FDGB) in den Weltgewerkschaftsbund

01.01.
Beginn des Zweijahresplans zur wirtschaftlichen Leistungssteigerung

25.–28.01.
Erste Parteikonferenz der Sozialistischen Einheitspartei Deutschlands (SED). Bildung des Politbüros.

FEBRUAR

08.02.
Die Universität zu Berlin Unter den Linden erhält den Namen »Humboldt-Universität«.

MÄRZ

19.03.
Der Deutsche Volksrat billigt den Verfassungsentwurf für eine Deutsche Demokratische Republik.

31.03.
Die Arbeiter-und-Bauern-Fakultäten (ABF) werden eingerichtet.

APRIL

01.04.
Das Gesetz der Landesverwaltung Sachsen zur Demokratisierung des Büchereiwesens tritt in Kraft. 1286 Büchereien werden Volkseigentum.

MAI

08.05.
Zum Jahrestag der Befreiung wird im Treptower Park in Berlin das Sowjetische Ehrenmal eingeweiht.

JUNI

03.06. Der Chef der kriminellen Gladow-Bande, der 18-jährige **Werner Gladow** (l.), wird nach einem einstündigen Schusswechsel mit der Polizei in Berlin-Friedrichshain gefangen genommen.

JULI

Oberbürgermeister Friedrich Ebert veröffentlicht einen »Generalplan zum Wiederaufbau von Berlin«.

SEPTEMBER

02.09.
Gründung des Kulturfonds zur Kunstförderung

OKTOBER

08.10.
Mit dem »Frankfurter Abkommen« wird der Interzonenhandel zwischen DDR und BRD geregelt.

11.10.

Anlässlich der Republikgründung findet im Zentrum der neuen Hauptstadt Berlin eine **Massenkundgebung** mit medienwirksamem Fackelzug statt. 200 000 Mitglieder der Freien Deutschen Jugend marschieren vor der Humboldt-Universität an der Ehrentribüne des FDJ-Vorsitzenden Erich Honecker vorbei, der nicht weniger flammend das »Gelöbnis der deutschen Jugend« vorträgt.

12.10.

Otto Grotewohl stellt sein neues Kabinett vor, dem u. a. Walter Ulbricht, Hermann Kastner, Otto Nuschke, Georg Dertinger und Karl Steinhoff angehören.

15.10.

Die Sowjetunion nimmt als erstes Land diplomatische Beziehungen zur DDR auf. Bis zum 25. des Monats erkennen Albanien, Bulgarien, China, Nordkorea, Polen, Rumänien, die Tschechoslowakei und Ungarn die DDR an.

NOVEMBER

11.11.

Die Sowjetische Militäradministration in Deutschland (SMAD) wird durch die Sowjetische Kontrollkommission (SKK) ersetzt.

DEZEMBER

21.12.

Anlässlich des offiziellen 70. Geburtstags Josef Stalins wird die Berliner Frankfurter Allee in Stalinallee umbenannt.

Ereignisse in der BRD
Weltgeschehen 1949

1949 ist das Jahr der Entscheidungen. Die Hoffnungen auf ein vereintes Deutschland sind endgültig zerstört und so werden schließlich zwei deutsche Staaten gegründet. Am 23. Mai wird die Bundesrepublik Deutschland gegründet. Unsere Heimat wird nun die Deutsche Demokratische Republik. Auch die Spaltung Europas setzt sich fort. Anderenorts bilden sich Zusammenschlüsse, die den Fortgang unserer Geschichte mitbestimmen. Und in Ostasien ruft Mao Zedong die Volksrepublik China aus. Weitere wichtige Ereignisse im Überblick:

JANUAR

01.01.
Die vom Wirtschaftsrat der Bizone erlassene Kraftfahrzeug-Benutzungsverordnung tritt in Kraft. Ausflugs- und Vergnügungsfahrten sind nunmehr verboten.

Österreich erhält von Großbritannien die Souveränität über die Grenze zu Italien zurück.

Thailand wird UNESCO-Mitglied.

Indien und Pakistan schließen ein Waffenstillstandsabkommen zur Beilegung des Kaschmir-Konfliktes ab.

02.01.
Die USA erkennen die Regierung Südkoreas an.

25.01.
Die Sowjetunion, Tschechoslowakei, Polen, Ungarn, Rumänien und Bulgarien gründen in Warschau den Rat für gegenseitige Wirtschaftshilfe.

31.01.
In Peking ziehen kommunistische Truppen ein und Beiping (Nördlicher Friede) wird wieder in Beijing (Nördliche Hauptstadt) umbenannt.

FEBRUAR

14.02.
David Ben-Gurion wird erster Ministerpräsident Israels.

24.02.
Waffenstillstandsabkommen zwischen Israel und Ägypten nach dem 1. Arabisch-Israelischen Krieg (23. März mit Libanon, 3. April mit Jordanien, 20. Juli mit Syrien)

MÄRZ

08.03.
Frankreich erkennt die Unabhängigkeit Vietnams unter der antikommunistischen Regierung von Bảo Đại an.

APRIL

08.04.
Die französische Besatzungszone tritt der Bizone bei, die somit zur Trizone wird. Die drei Außenminister der Westalliierten beschließen ein Besatzungsstatut, in dem sie der Gründung der Bundesrepublik zustimmen, sich jedoch Einspruchsrechte vorbehalten.

16.04.
Im Rahmen der **Berliner Luftbrücke** werden an diesem Rekordtag mit 1383 Flügen 12 849 Tonnen Versorgungsgüter eingeflogen.

18.04.
Irland konstituiert sich als eigene Republik Éire.

MAI

05.05.
Gründung des Europarates mit zunächst zehn Mitgliedstaaten

11.05.
Israel tritt den Vereinten Nationen bei.

12.05.
Nach Aufhebung der Berlin-Blockade fährt der erste **Interzonenzug** FD 112 von Berlin Friedrichstraße nach Köln.

24.05.
Inkrafttreten des deutschen Grundgesetzes

25.05.
Shanghai wird von der Volksbefreiungsarmee Chinas erobert. Zwei Tage später ziehen die USA alle Marineeinheiten aus China ab.

JUNI

29.06.
Südafrika beschränkt mit dem South African Citizenship Act die Vergabe der Staatsbürgerschaft an Immigranten und verbietet zugleich Eheschließungen zwischen Partnern verschiedener Rassen.

JULI

02.07.
Die Ostblockstaaten stellen alle Waffenlieferungen für Jugoslawien ein.

13.07.
Papst Pius XII. droht allen kommunistischen Katholiken mit der Exkommunikation.

14.07.
Unruhen gegen die Kolonialmacht Frankreich fordern in Hanoi 22 Todesopfer.

AUGUST

08.08.
Bhutan erhält die Unabhängigkeit von Großbritannien.

Erste Sitzung des Europarates

12.08.
In Genf unterzeichnen 18 Staaten eine Modifizierung der Genfer Konventionen. Neue Abkommen werden vereinbart, z. B. »über den Schutz von Zivilpersonen in Kriegszeiten«.

29.08.
Die Sowjetunion zündet ihre erste **Atombombe**.

SEPTEMBER

01.09.
Gründung der IG Metall

07.09.
Der erste deutsche Bundestag tritt zusammen. Erich Köhler (CDU) wird Bundestagspräsident.

15.08.
Konrad Adenauer wird erster Bundeskanzler

OKTOBER

07.10.
Die Regierung Adenauer protestiert gegen die Gründung der DDR.

12.10.
Gründung des **Deutschen Gewerkschaftsbunds** (DGB)

NOVEMBER

03.11.
Der Deutsche Bundestag entscheidet sich für Bonn als Hauptstadt der BRD.

22.11.
Bundeskanzler Adenauer und die Alliierten Hohen Kommissare schließen das Petersberger Abkommen über Demontagen, Handelsbeziehungen zu anderen Staaten sowie die Fortsetzung des Marshallplan-Programms.

DEZEMBER

Der Ku-Klux-Klan wird verboten.

27.12.
Die Niederlande entlassen Indonesien in die Unabhängigkeit. Die Regierungsgewalt erhalten Ministerpräsident Mohammad Hatta und Staatspräsident **Sukarno**.

Gesellschaft
1949

Zwei neue Republiken nehmen ihren »Betrieb« auf. Viel ändert sich zunächst nicht im Osten Deutschlands, doch mit der Regierungsbildung werden nach und nach Neuerungen eingeführt, die das Arbeits- und Privatleben der Menschen verändern und maßgeblich beeinflussen.

In den Städten bestimmen noch immer Ruinen das Bild. Beschädigte Häuser sind zwar notdürftig repariert, provisorische Neubauten errichtet und ein Großteil des Trümmerschutts beseitigt, doch müssen noch immer Tausende Männer und Frauen für die Enttrümmerung eingesetzt werden. Trümmerfrauen, die ehrenamtlich gearbeitet und mehrere Hundert Aufbauschichten abgeleistet haben, werden mit dem Titel »Aktivist der ersten Stunde« ausgezeichnet. In Berlin entstehen regelrechte Trümmerberge, die später zu Naherholungsgebieten ausgebaut werden.

Berlin, 20. Juli 1950: Richtfest eines Hochhauses in der Stalinallee in Anwesenheit von Friedrich Ebert

Erntehelferinnen bei Feldarbeiten im brandenburgischen Oderbruch

Auf dem Land ist die Neuordnung des Eigentums im Rahmen der Bodenreform aus dem Jahr 1945 abgeschlossen. Mehr als drei Millionen Hektar Land wurden umverteilt. Neben der Zuteilung an Landarbeiter, Flüchtlinge, Umsiedler und Kleinbauern ist fast die Hälfte der Gesamtfläche fortan im Besitz von Neubauern. Diese können – unerfahren und meist von der Dorfgemeinschaft belächelt – geradeso ihren eigenen Bedarf an Nahrungsmitteln decken. Das Ziel, die landwirtschaftliche Produktion zu steigern und die hungernde Stadtbevölkerung zu versorgen, kann zunächst nicht erreicht werden. Die staatlich gelenkte Planwirtschaft vermag anfangs nur eine bescheidene Grundversorgung zu gewährleisten. Die Möglichkeit, Landwirtschaftlichen Produktionsgenossenschaften (LPG) beizutreten, wird es erst drei Jahre später geben.

Alltag
1949

Die ersten HO-Läden eröffneten im Winter 1948. Dort konnte auch ohne Lebensmittelmarken eingekauft werden.

Unsere Eltern müssen sich an das Leben in einem neu gegründeten Staat gewöhnen. Sie sind fortan DDR-Bürger. Während im Westen langsam das Wirtschaftswunder Einzug hält, sind in der DDR die Lebensmittel weiterhin rationiert. Das System der Lebensmittelmarken wird noch bis 1958 aufrechterhalten. Zwar öffnen immer mehr HO-Läden ihre Türen, in denen mit der im Vorjahr eingeführten Deutschen Mark bezahlt werden kann, doch die Versorgungslage verbessert sich zunächst kaum. Vor allem Obst und Gemüse sind Mangelware. Dafür wächst der Arbeitswille der Menschen. Obwohl die Produktivität der Betriebe noch immer gering ist, lohnt es sich endlich wieder, hart zu arbeiten. Diejenigen, die Arbeit haben, legen freiwillige Sonderschichten ein, um am Ende des Monats etwas mehr Geld in der Lohntüte vorzufinden.

ERHOLUNG UND ERHALTUNG DER ARBEITSKRAFT

Im Artikel 16 der DDR-Verfassung heißt es: »Jeder Arbeitende hat ein Recht auf Erholung, auf jährlichen Urlaub gegen Entgelt, auf Versorgung bei Krankheit und im Alter. Der Sonntag, die Feiertage und der 1. Mai sind Tage der Arbeitsruhe und stehen unter dem Schutz der Gesetze. Der Erhaltung der Gesundheit und Arbeitsfähigkeit der arbeitenden Bevölkerung, dem Schutze der Mutterschaft und der Vorsorge gegen die wirtschaftlichen Folgen von Alter, Invalidität, Arbeitslosigkeit und sonstigen Wechselfällen des Lebens dient ein einheitliches, umfassendes Sozialversicherungswesen auf der Grundlage der Selbstverwaltung der Versicherten.«

Beliebteste Namen

1949

Renate	1.	Hans
Monika	2.	Wolfgang
Jutta	3.	Klaus / Claus
Karin	4.	Dieter
Ursula	5.	Manfred

Ingrid	6.	Jürgen
Angelika	7.	Bernd
Gisela	8.	Günter / Günther
Maria	9.	Uwe
Helga	10.	Karl / Carl

Mode
1949

Der Krieg ist längst vorbei und Frau möchte sich endlich wieder modisch kleiden. Leider ist es noch immer schwer, an hochwertige Stoffe zu kommen. Die neuen Kollektionen sind ohnehin nur der Oberschicht vorbehalten. Egal ob Ost oder West – Pariser Chic à la Christian Dior können sich die wenigsten leisten. Wer im Nachkriegsdeutschland trotzdem elegant und modern gekleidet sein möchte, schneidert meist selbst. Wegen des Mangels an Textilien ist Improvisation gefragt. So werden Wolldecken zu Wintermänteln, aus Soldatenhosen Knickerbocker und aus Tischdecken Hemden und Kleider geschneidert. Gasmaskenbänder werden zu Hosenträgern oder Strumpfhaltern umfunktioniert. Illustrierte richten ganze Rubriken mit Schnittmustern für die einfallsreiche Nach-

Frisuren 1949

Ende der 1940er Jahre tragen die Frauen pflegeleichte Frisuren. Die Haare werden locker auf dem Hinterkopf festgesteckt oder mit Haarnetzen und Kopftüchern zusammengehalten. Aber auch die halblangen, natürlich schwingenden Locken sind noch modern. Zu besonderen Anlässen werden weiterhin aufwendig Wasserwellen gelegt oder man trägt die beliebte **Page-Boy-Frisur**. Die Männerwelt trägt ihr Haar kurz und bringt es mit Pomade in Form.

HO-Frühjahrskollektion von 1949: Nachmittagskleider »Palm Beach« (l.) und »Miami« (r.) und Reisemäntel »Frühlingsstürme« (l.) und »Reisebekanntschaft« (r.)

kriegsmode ein. Neben dem typischen »New Look« mit seinen weiten, langen, schwingenden Röcken werden auch wieder schmale, enge Etuiröcke mit dem typischen Dior-Schlitz getragen. Ein enges Oberteil und ein Bolerojäckchen runden beide Formen stilvoll ab. Mäntel sind entweder tailliert, im sogenannten Redingote-Stil oder weit geschnitten. Hut und Handschuh dürfen natürlich nicht fehlen, aber auch ein Stockschirm ist ein beliebtes Accessoire 1949.

Der Osten Deutschlands will in der Mode zwar eigene Wege gehen, doch bleibt der Westen stets heimliches Vorbild, wenn es um neue Textiltrends geht. Für die DDR-Oberen gilt, einfache, praktische Kleidungsstücke zu entwerfen. Luxuriöse oder gar aufreizende Kleidung hat im neuen Gesellschaftssystem keinen Platz. Dafür prägen die kräftigen, leuchtenden Farben der Sowjet-Brüder und »Perlons mit Naht« die Damengarderobe im Jahr der Republikgründung.

Herrenmode

In Frankreich nimmt sich Modemacher Jacques Fath zwar endlich der Herrengarderobe an und entwirft Frackhosen und Spencerjacken, doch ist in Deutschland von neuen Trends in der Herrenmode noch nicht viel zu spüren. Hier werden weiterhin die Sakkos aus der Vorkriegszeit getragen, wenn auch in einem etwas weiteren, bequemeren Schnitt. Auch die Uniform gehört oft noch zur alltäglichen Bekleidung. Allerdings versucht die DDR durchaus Schritt zu halten bei tragbarer Mode für den Mann. Der VEB Fortschritt Herrenbekleidung ist der größte Betrieb seiner Art in der DDR mit Sitz in Berlin-Lichtenberg.

Schlager,
Stars und Sternchen
1949

Beliebte Schlager
1949

Jupp Schmitz »Wer soll das bezahlen«

Johannes Heesters »Das kommt mir spanisch vor«

Rudi Schuricke »Capri-Fischer«

Danielle Mag, Willy Schneider, René Carol
»Am Zuckerhut«

Bully Buhlan »Wir tanzen wieder Polka«

Goldy und Peter de Vries
»Von den blauen Bergen kommen wir«

Anton Karas »Der dritte Mann«

Gerhard Wendland »Geisterreiter«

Evelyn Künneke »Allerdings sprach die Sphinx«

Grethe Weiser
»Denn in der Nacht, da fallen alle Konsequenzen«

Distel-Programm 1974:
Ilse Maybrid, Heinz Draehn, Brigitte Krause und Lutz Stückrath (v. l. n. r.)

Stars 1949

Als junge Studentin Christel gibt die Berlinerin **Brigitte Krause** (1929–2007) 1949 in Kurt Maetzigs *Die Buntkarierten* ihr Filmdebüt. Die Schauspielerin und Komödiantin spielt nicht nur zahlreiche DEFA- und Fernsehrollen, sondern ist später auch als Ansagerin für das DDR-Fernsehen und Sprecherin in Hörspielen tätig, wie z. B. in der Reihe »Neumann, zweimal klingeln«. Als Theaterschauspielerin kann man sie in Altenburg, Halle, in Potsdam und an der Berliner Volksbühne bewundern. Ab 1966 gehört sie mehr als zwanzig Jahre lang zum Ensemble des Berliner Kabarett-Theaters *Distel*. Ihr Ehemann Gerd Biewer und die gemeinsame Tochter Maxi Biewer sind ebenfalls Schauspieler.

Film international 1949

Der dritte Mann (GB)
Regie: Carol Reed
mit Joseph Cotten und
Orson Welles

Samson und Delilah (USA)
Regie: Cecil B. DeMille
mit Hedy Lamarr,
Victor Mature und
Angela Lansbury

Durst (SWE)
Regie: Ingmar Bergman
mit Eva Henning und
Birger Malmsten

Gewagtes Alibi (USA)
Regie: Robert Siodmak
mit Burt Lancaster,
Yvonne De Carlo und Dan Duryea

Bitterer Reis (I)
Regie: Giuseppe De Santis
mit Silvana Mangano und
Vittorio Gassman

Der blonde Tiger (USA)
Regie: Byron Haskin
mit Lizabeth Scott und Don DeFore

Beliebteste Filme aus Deutschland 1949

Das Geheimnis der roten Katze (Regie: Helmut Weiss), die Neuverfilmung mit Heinz Rühmann, über André, einen erfolglosen Schauspieler, der in einer Spelunke als »Bandenchef« für Atmosphäre sorgen soll, feiert am 14. April Premiere.

Quartett zu fünft (Regie: Gerhard Lamprecht) mit **Inge Keller**, ein heiterer DEFA-Film über den Männermangel nach dem Krieg, wird am 3. Juni im Berliner Kino *Babylon* uraufgeführt.

Unser täglich Brot (Regie: Slatan Dudow) ist nach *Der Biberpelz* der zweite DEFA-Film, der nach Gründung der DDR am 9. November anläuft. Hanns Eisler lieferte mit der gleichnamigen Suite und den Stücken »Hungerzug« und »Die Suppe« die Musik dazu.

Die DEFA-Produktion ***Rotation*** von Wolfgang Staudte über das Leben eines unpolitischen, opportunistischen Arbeiters in den Jahren 1920 bis 1945 kommt am 16. September in die Kinos.

Der DEFA-Film ***Die Buntkarierten*** (Regie: Kurt Maetzig) mit Werner Hinz und Camilla Spira läuft am 8. Juli an. Erzählt wird die Geschichte einer Berliner Arbeiterfrau.

Liebe 47 (Regie: Wolfgang Liebeneiner, mit Grethe Weiser) geht auf Wolfgang Borcherts *Draußen vor der Tür* zurück.

Die Filmkomödie ***Ich mach dich glücklich*** (Regie: Alexander von Slatinay) hat am 2. Dezember in den deutschen Kinos Premiere. Heinz Rühmann verkörpert darin den jungen Zeitungsreporter Peter Krüger.

Theater 1949

Die Geburtsstunde des BE

Das Jahr 1949 begann mit einer der bedeutendsten Theateraufführungen der Nachkriegszeit. Am 11. Januar fand die erste Aufführung des Berliner Ensembles statt. Bertolt Brecht und Helene Weigel brachten ***Mutter Courage und ihre Kinder*** im Deutschen Theater in Berlin auf die Bühne. Im schwedischen Exil geschrieben und 1941 in Zürich uraufgeführt, wurde die Geschichte über die Marketenderin Anna Fierling, die im Dreißigjährigen Krieg ihre drei Kinder verliert, dann mehrfach vertont und von der DEFA verfilmt. In einigen westlichen Ländern zunächst boykottiert, ist das Drama heute Schullektüre. Brecht selbst formulierte zur Intention des Lehrstücks: »Daß die großen Geschäfte, aus denen der Krieg besteht, nicht von den kleinen Leuten gemacht werden.«

Kunst 1949

Anlässlich seiner Berufung zum Professor an der Universität Halle werden im April Werke des Malers und Grafikers **Conrad Felixmüller** in der Moritzburg ausgestellt.

Am 1. Mai wird die **Zentralstelle für Volkskunst** zur Förderung der Laienkunst gegründet.

Der Kulturbund zur demokratischen Erneuerung Deutschlands eröffnet am 31. Mai die **Ausstellung »Mensch und Arbeit«** im Berliner Stadtkontor.

Die kriegsbeschädigte **Alte Nationalgalerie** in Berlin ist ab dem 18. Juni teilweise wieder für die Öffentlichkeit zugänglich. Die Ausstellung »Deutsche Kunst von der Goethezeit bis zur Schwelle der Gegenwart« ist die erste seit 1939.

Vom 10. September bis 30. Oktober findet in Dresden die 2. **Allgemeine Deutsche Kunstausstellung** mit 322 Künstlern aus Ost- und Westdeutschland statt.

Literatur 1949

Auf der ersten Parteikonferenz der SED vom 25. bis 28. Januar in Berlin wird nicht nur die Gründung diverser staatlicher Institutionen beschlossen, sondern auch der kulturelle Sektor soll entschlossen auf Marxismus-Leninismus aufbauen. Das Büchereiwesen unterliegt daraufhin dem vermutlich ersten parlamentarischen deutschen **Bibliotheksgesetz**, dem sogenannten sächsischen Gesetz über die Demokratisierung des Büchereiwesens, das am 1. April in Kraft tritt. Im Zuge dessen gehen 1286 Büchereien mit insgesamt über eine Million Bänden in Volkseigentum über.

Am 6. Juni finden anlässlich des 150. Geburtstages des Dichters **Alexander Sergejewitsch Puschkin** Gedenkfeiern in der Republik statt.

Neuerscheinungen 1949

George Orwell: *1984*

Anna Seghers:
Die Toten bleiben jung

Simone de Beauvoir:
Das andere Geschlecht

Erich Kästner:
Das doppelte Lottchen

Miguel Ángel Asturias:
Die Maismenschen (spanischer Originaltitel: *Hombres de maíz*)

1949 verleiht der Deutsche Volksrat in Weimar erstmals den **Nationalpreis der DDR**. Preisträger in der 1. Klasse für Kunst und Literatur sind u. a. Heinrich Mann und Johannes R. Becher.

Der Nobelpreis für Literatur geht im Jahr 1949 an den US-amerikanischen Schriftsteller **William Faulkner**.

Thomas Mann (l.) hält am 1. August in Weimar seine **»Ansprache im Goethejahr 1949«** und erhält den Goethe-Preis der Stadt. Vom 26. bis 28. August finden die Goethe-Festtage zum 200. Geburtstag des Dichters statt. Johannes R. Becher (r.) hält die Eröffnungsrede im Nationaltheater in Weimar, und der Parteivorstand der SED gibt das »Manifest zur Goethe-Feier der deutschen Nation« heraus.

Geburtstage
1949

Geburtstage
berühmter Persönlichkeiten

In unserem Geburtsjahr werden Kinder geboren, aus denen später Schauspieler, Sänger und Entertainer werden. Diese berühmten Persönlichkeiten begleiten uns in Funk und Fernsehen über mehrere Jahrzehnte. Mit ihnen werden Erinnerungen wach. Auch Politiker, Autoren, bildende Künstler und Sportler erblicken wie wir 1949 das Licht der Welt und gestalten die Geschichte mit.

09.01.
Mary Roos

10.01.
George Foreman

11.01.
Hans-Joachim Heist

12.01.
Ottmar Hitzfeld · Haruki Murakami

24.01.
John Belushi († 1982)

02.02. Reinhard Fißler († 2016)
ROCKSÄNGER

05.02.
Kurt Beck

13.02.
Peter Kern († 2015)

20.02.
Stefan Waggershausen · Ivana Trump

22.02.
Niki Lauda · Joachim Witt

24.02.
Thomas Weisbecker († 1972)

25.02.
Ireen Sheer

11.03.
Georg Schramm

13.03.
Jutta Braband
EHEMALIGE POLITIKERIN

17.03.
Hartmut Briesenick († 2013)
KUGELSTOSSER

21.03.
Rolf-Dieter Amend
KANUTE

26.03.
Patrick Süskind

04.04.
Abdullah Öcalan

11.04.
Bernd Eichinger († 2011)

19.04.
Joachim Sauer CHEMIKER

25.04.
Dominique Strauss-Kahn

28.04.
Christian Neureuther

02.05.
Alfons Schuhbeck

09.05.
Billy Joel

13.05.
Ingeborg Arlt
SCHRIFTSTELLERIN

05.06.
Ken Follett
Frank Schubert
RENNFAHRER

13.06.
Ulla Schmidt

15.06.
Simone Rethel

15.06.
Klaus Havenstein
FUSSBALL-SPIELER

18.06.
Jarosław Kaczyński · Lech Kaczyński († 2010)

20.06.
Lionel Richie

22.06.
Peter Gauweiler · Meryl Streep

04.07.
Horst Seehofer

08.07.
Christina Heinrich
LEICHTATHLETIN

12.07.
Susanne Jaffke POLITIKERIN

19.07.
Maren Kroymann

03.08.
Fritz Egner

05.08.
Helga Seidler
LEICHT-ATHLETIN UND OLYMPIONIKIN

08.08. Werner Weinhold
DDR-FLÜCHTLING, DER ZWEI GRENZSOLDATEN ERSCHOSS

14.08.
Bernd Moldenhauer
DDR-DISSIDENT († 1980)

30.08.
Peter Maffay

31.08.
Richard Gere

07.09.
Gloria Gaynor

13.09.
Wilfried Poßner POLITIKER

23.09.
Bruce Springsteen

24.09.
Pedro Almodóvar

01.10.
André Rieu

08.10.
Sigourney Weaver

09.10.
Daniela Dahn
SCHRIFTSTELLERIN

13.10.
Gerd Dudenhöffer

21.10.
Benjamin Netanjahu

01.11.
Gunter Funk HANDBALLER

03.11.
Roswitha Krause SCHWIMMERIN UND HANDBALLSPIELERIN

27.11.
Marcel Reif

01.12.
Pablo Escobar († 1993)

04.12.
G. G. Anderson

07.12.
Tom Waits

15.12.
Don Johnson

17.12.
Wolfgang Böhme HANDBALLER

22.12.
Maurice Gibb († 2003)
Robin Gibb († 2012)

Am 28. Februar findet **der erste Nachkriegskarneval** in Köln statt. Mehr als 800 000 Menschen ziehen feiernd durch die in Trümmern liegende Stadt am Rhein.

Mit einer Boing B-50 gelingt am 2. März **der erste Nonstop-Flug** um die Welt. Der viermotorige Langstreckenbomber wurde in der Luft aufgetankt.

In Prora auf Rügen wird am 23. Juli **das erste zentrale Pionierlager** »Georgi Dimitroff« an die Thälmannpioniere und FDJ-Mitglieder übergeben, die hier ihre Sommerferien verbringen.

Dies und das 1949

Bei Bränden in Uraniumminen in **Johanngeorgenstadt im Erzgebirge** kommen am 24. November mehr als 2000 Menschen ums Leben. Laut einer Meldung des Allgemeinen Deutschen Nachrichtendienstes (ADN) hätten bei einem Stollenbrand lediglich 19 Arbeiter leichte Rauchvergiftungen erlitten.

Am 4. September wird in Berlin-Charlottenburg die **Currywurst** entdeckt. Als Erfinderin gilt Herta Heuwer, die an der Kantstraße / Ecke Kaiser-Friedrich-Straße einen Imbiss betreibt. Heute werden in Deutschland jährlich über 800 Millionen Currywürste gegessen.

Sport
1949

Sportereignisse 1949

Im vierten Nachkriegsjahr ist das Leben noch beschwerlich, und vielen fehlt das Geld für Urlaub oder größere Anschaffungen. Wegen zusätzlicher Sonderschichten für ein paar Mark mehr ist Freizeit sehr kostbar. Zu Hause will man die Zeit mit der Familie genießen und auch endlich wieder Sport treiben. Da nach Kriegsende alle faschistischen Organisationen verboten wurden, also auch der Nationalsozialistische Reichsbund für Leibesübungen, bilden sich schnell neue Sportstrukturen. Vor allem Fußballvereine schießen wie Pilze aus dem Boden, aber auch Turn-, Leichtathletik- oder Schwimmvereine nehmen ihren Betrieb auf. Öffentliche Sportereignisse können endlich wieder stattfinden – egal ob im Sportstadion, im umgebauten Kino oder Zirkuszelt.

11.–15.02.
I. Wintersportmeisterschaften in der SBZ in Oberhof, Thüringen

Die einzigen Wettkämpfe dieser Art in der ABZ werden in den klassischen nordischen Disziplinen Langlauf, Skispringen und Nordische Kombination ausgetragen. Herbert Leonhardt aus Klingenthal gewinnt alle vier Goldmedaillen. Die Frauen messen sich im Ski alpin. Traudel Gottstein gewinnt Gold bei der Abfahrt und der alpinen Kombination.

Leichtathletik

Am 16. Oktober erzielt Marcellus Markus aus Leipzig mit 44,82 m im **Hammerwerfen** den ersten DDR-Rekord in Pirna. Langstreckenläufer **Emil Zátopek**, »die tschechische Lokomotive«, läuft am 22. Oktober die 10 000 Meter der Herren in 29:21,2 Minuten und stellt damit einen neuen Weltrekord auf.

Boxen

Eine Delegation aus 750 FDJ-Mitgliedern nimmt zum ersten Mal an den **Weltfestspielen der Jugend** teil, die im August 1949 in Budapest stattfinden. Im internationalen Wettkampf der Weltjugend treten die ostdeutschen Boxer Günter Czerwinski, Czeska, Heinz Henatsch und Herbert Scheeler auf.

Boxweltmeister im Schwergewicht wird am 22. Juni der Amerikaner Ezzard Charles.

Am 21. Oktober findet die **I. DDR-Boxmeisterschaft** statt. Die ersten Meistertitel erringen Horst Fiedler (Fliegengewicht), Günter Czerwinski (Bantamgewicht), Herbert Scheeler (Federgewicht), Joachim Heinrich (Leichtgewicht), Willi Kriese (Weltergewicht), Heinz Henatsch (Mittelgewicht), Hans Robak (Halbschwergewicht) und Hans Scheerbaum (Schwergewicht).

Eiskunstlauf

Die Eiskunstlauf-Europameisterschaft in Madrid gewinnt am 29. Januar bei den Damen die Österreicherin **Eva Pawlik** sowohl in Pflicht als auch in Kür und schlägt damit die tschechoslowakische Weltmeisterin Alena Vrzáňová.

Basketball

Basketballspieler Joe Fulks erzielt am 10. Februar in Philadelphia, Pennsylvania mit 63 Punkten gegen die Indiana Jets einen neuen **Rekord**, der erst zehn Jahre später überboten werden wird.

Die National Basketball League (NBL) und die Basketball Association of America (BAA) schließen sich am 3. August zur **National Basketball Association** (NBA) zusammen.

Motorsport

Den **Grand Prix in Sanremo** am 3. April gewinnt der Argentinier Juan Manuel Fangio. Es ist sein erstes Autorennen in Europa.

Am 7. August findet die größte Motorsportveranstaltung seit Kriegsende statt. 250 000 Zuschauer verzeichnet der **»Große Preis vom Nürburgring«**.

Das erste Nachkriegsrennen für Motorräder und Sportwagen auf dem **Sachsenring** findet am 25. September statt. Sieger wird Paul Greifzu aus Suhl.

Tischtennis

Am 23. Mai findet die erste **Tischtennis-Meisterschaft** in der SBZ statt. Bei den Männern gewinnt die Betriebssportgemeinschaft (BSG) Carl Zeiss Jena, Sieger bei den Frauen wird die BSG Post Magdeburg.

Radsport

Am 21. Juli fährt der Italiener **Fausto Coppi** mit mehr als zehn Minuten Vorsprung bei der 36. Tour de France als Sieger durchs Ziel – wie bereits beim Giro d'Italia im Frühjahr desselben Jahres.

Vom 9. bis 18. September findet die erste **Ostzonen-Rundfahrt** (ab 1950 DDR-Rundfahrt) statt. Hunderttausende verfolgen das Amateurrennen über 1186 Kilometer durch alle fünf Länder der SBZ. Erster in der Einzelwertung wird Max Bartoskiewicz aus Berlin.

Beim ersten **Berliner Sechstagerennen** seit Kriegsende am 8. Dezember gehen die Italiener Ferdinand Teruzzi und Severine Rigonti als Sieger hervor.

Fußball

Im Finale der **Ostzonen-Meisterschaft** am 26. Juni schlägt ZSG Union Halle Fortuna Erfurt mit 4:1.

Am 28. August wird erstmals der **FDGB-Pokal** verliehen. Im Hallenser Kurt-Wabbel-Stadion gewinnt der BSG Waggonbau Dessau das Endspiel gegen die BSG Gera-Süd mit 1:0.

Als erstes **internationales Sportereignis in der DDR** spielt am 9. Oktober eine ungarische Gewerkschaftsauswahl gegen eine Sachsenauswahl und gewinnt 2:1.

Am 6. Mai hebt die FIFA das **Spielverbot** von westdeutschen Mannschaften gegen ausländische Vereine auf.

In der BRD wird am 10. Oktober **Josef »Sepp« Herberger** Fußballtrainer der Nationalelf.

Am 4. Mai kommt die gesamte Mannschaft des italienischen Fußballmeisters AC Turin bei einem **Flugzeugabsturz** ums Leben.

Ereignisse 1950–1959

Unser erstes Lebensjahrzehnt

Die Zeit, in der wir groß werden, ist nicht einfach. Die ersten zehn Jahre unseres Lebens sind geprägt von Umbruch, aber auch von Aufbruch. Zwar müssen wir vieles entbehren. Doch in der Obhut unserer Eltern, deren Fürsorge wir trotz aller Strenge in der Erziehung spüren und die uns das Gefühl der Sicherheit geben, verbringen wir eine erfüllte Kindheit. Wir lernen, aufeinander Rücksicht zu nehmen und anderen gegenüber hilfsbereit zu sein. Dies sind gute Voraussetzungen, um einen sinnvollen Platz in der Gemeinschaft zu finden und ein nützliches Mitglied der Gesellschaft zu werden.

1950

08.02.
Gründung des Ministeriums für Staatssicherheit (MfS) mit Wilhelm Zaisser als Minister und Erich Mielke als Stellvertreter

06.07.
Görlitzer Abkommen: Völkerrechtliche Anerkennung der Oder-Neiße-Grenze als endgültige deutsch-polnische Grenze durch die DDR und Polen

25.06.1950–27.07.1953
Koreakrieg

13.07.
Die BRD tritt dem Europarat bei, der die wirtschaftliche Zusammenarbeit und Unterstützung in sozialen Belangen zum Ziel hat.

20.–22.07.
Umstrukturierung der SED nach sowjetischem Vorbild. Ein Zentralkomitee (ZK) wird gebildet, das vom Generalsekretär (ab 1953 Erster Sekretär) geleitet wird.

25.07.
Walter Ulbricht wird zum Generalsekretär des ZK der SED gewählt. Er wird damit – für mehr als 20 Jahre – zum mächtigsten Politiker der DDR.

15.10.
1. Volkskammerwahl in der DDR: 99,72 Prozent für die Einheitsliste

29.09.
Die DDR wird in den Rat für gegenseitige Wirtschaftshilfe (RGW), einem Wirtschaftsbündnis sozialistischer Staaten, aufgenommen.

30.11.
Die DDR macht der Bundesrepublik einen Vorschlag zur Bildung eines gemeinsamen Rates, der über die Wiedervereinigung verhandeln soll. Der Vorschlag wird im Januar 1951 abgelehnt, da man sich nicht über die Konditionen zur Bildung des Rates einigen kann.

1951

01.01.
Inkrafttreten des ersten Fünfjahresplanes, der im Juli 1950 von der SED beschlossen wurde und wirtschaftliche Ziele sämtlicher Industriezweige für 1951 bis 1955 vorgibt

05.–19.08.
III. Weltfestspiele der Jugend und Studenten in Berlin unter dem Motto »Frieden und Freundschaft – gegen Atomwaffen«

1952

Gründung der Landwirtschaftlichen Produktionsgenossenschaften **(LPG)** als Zusammenschluss von Bauern

03.02.
Grundsteinlegung für die ersten Gebäude in der **Stalinallee**. Das Großprojekt gilt als Vorbild für zukünftige Stadtplanungen.

10.03.
Erste Stalinnote: Stalin bietet dem Westen die Wiedervereinigung der beiden deutschen Staaten an. Er fordert dafür den Rückzug aller Besatzungstruppen und ein neutrales Verhalten Deutschlands.

26./27.05.
Einrichtung einer 5-km-Sperrzone an der innerdeutschen Grenze; zugleich werden in der **»Aktion Ungeziefer«** Personen, die als »politisch unzuverlässig« gelten, aus dem Bereich dieser Sperrzone zwangsumgesiedelt. Die Telefonleitungen zwischen Westberlin und der DDR werden gekappt. Seit 1951 gilt das Verlassen der DDR als strafbar.

25.07.
In einer Neugliederung der DDR werden die bis dahin bestehenden Länder Mecklenburg, Sachsen-Anhalt, Brandenburg, Sachsen und Thüringen aufgelöst. Es entstehen 14 Bezirke mit 217 Kreisen. Die Verwaltung erfolgt zentral von der Hauptstadt Berlin aus.

07.08.
Gründung der »Gesellschaft für Sport und Technik« (GST)

18.–25.08.
Erstes Treffen der **Pionierorganisation** »Ernst Thälmann« in Dresden mit 60 000 Kindern aus der DDR und 300 Gästen aus dem Ausland

1953

ab 10.02.
Start der Aktion Rose zur Verstaatlichung von Hotel- und Dienstleistungsbetrieben insbesondere in Orten an der Ostsee

05.03.
Tod Josef Stalins. Sein Nachfolger Chruschtschow leitet ab 1956 durch eine Geheimrede die Entstalinisierung ein. Zahlreiche Verbrechen des stalinistischen Terrors werden bekannt, Opfer rehabilitiert und Gefangene aus Straflagern entlassen.

02.–17.05.
Die DDR gewinnt die 6. Internationale Friedensfahrt als beste Mannschaft. Täve Schur aus Magdeburg belegt in der Einzelwertung Platz drei.

21.12. Das Fernsehen der DDR nimmt seinen Sendebetrieb auf. Täglich werden ab 20 Uhr zwei Stunden aus Adlershof gesendet. Die **»Aktuelle Kamera«** ist von Anfang im Programm.

10.05.

Die Stadt Chemnitz wird anlässlich des Karl-Marx-Jahres in Karl-Marx-Stadt umbenannt.

17.06.

Der Regierungsbeschluss, die Arbeitsnormen zu erhöhen, hat Streiks und Demonstrationen in der gesamten DDR zur Folge. Die Menschen fordern politische und wirtschaftliche Freiheiten. Der Volksaufstand wird durch die Sowjetarmee niedergeschlagen.

Sowjetische Panzer vor dem Georgi-Dimitroff-Museum in Leipzig

31.12.

Die Reparationslieferungen der DDR an die Sowjetunion enden.

1954

14.03.

Beschluss zur Einführung der Jugendweihe als Gegenmodell zur Konfirmation

25.03.

Die Sowjetunion gewährt der DDR erweiterte Souveränitätsrechte.

Juni

Gründung der Kampfgruppen der Arbeiterklasse, die sich aus freiwilligen Werktätigen zusammensetzen und keine ständig bewaffnete Miliz darstellen

20.–22.08.

I. Deutsches Turn- und Sportfest in Leipzig

17.10.
2. Volkskammerwahl in der DDR: 99,46 Prozent für die Einheitsliste

1955

27.03.
In Berlin findet die erste **Jugendweihe** statt.

17.05.
Gustav Adolf »Täve« Schur gewinnt als erster DDR-Fahrer die Internationale Friedensfahrt.

01.05.
Gründung der Deutschen Lufthansa der DDR

09.05.
Die Bundesrepublik tritt der NATO bei und bekommt die Erlaubnis, eine eigene Armee aufzustellen. Die Bundeswehr wird gegründet. Bereits ein Jahr später wird die allgemeine Wehrpflicht eingeführt.

14.05.
Unterzeichnung des Warschauer Paktes durch die DDR und sieben weitere Ostblockstaaten

23.09.
Hallstein-Doktrin: Außenpolitischer Grundsatz der BRD zwischen 1955 und 1969 über den Alleinvertretungsanspruch für das deutsche Volk. Diese Doktrin soll verhindern, dass die DDR von anderen Staaten völkerrechtlich anerkannt wird.

20.12.
Die BRD beschließt aus Arbeitskräftemangel das erste Abkommen über Gastarbeiter mit Italien. Ab 1960 werden weitere Anwerbeabkommen mit Spanien, Griechenland, der Türkei, Marokko u. a. folgen.

1956

01.03.
Gründung der Nationalen Volksarmee **(NVA)**, die vor allem aus Einheiten der Kasernierten Volkspolizei gebildet wird

26.07.
Verstaatlichung des Suez-Kanals durch Ägypten und Beginn der Suez-Krise

02.–05.08.
II. Deutsches Turn- und Sportfest in Leipzig

23.10.
Beginn des Volksaufstandes in Ungarn. Am 4. November endet der Aufstand durch den Einmarsch des sowjetischen Militärs und dessen hartes Eingreifen.

27.10.
Das Saarland wird wieder an die Bundesrepublik Deutschland angeschlossen.

1957

05.01.
US-Präsident **Dwight D. Eisenhower** erlässt seine Doktrin, in der die USA ein stärkeres Engagement gegen den Kommunismus im Nahen Osten ankündigen.

01.03.
In der DDR wird die 48-Stunden-Woche auf 45 verkürzt.

27./28.04.
Gründung des **»Deutschen Turn- und Sportbundes«** (DTSB) in Berlin

04.10.
Die UdSSR startet den ersten künstlichen Erdsatelliten Sputnik 1 vom Weltraumbahnhof Baikonur und eröffnet damit die Ära der Raumfahrt.

11.12.
In der DDR wird von nun an ungesetzliches Verlassen des Staatsterritoriums als Republikflucht bestraft.

1958

01.02.
Ägypten schließt sich mit Syrien zur Vereinigten Arabischen Republik zusammen.

03.02.
Erich Honecker wird Mitglied des Sekretariats des Zentralkomitees und des Politbüros der SED.

28.05.
Abschaffung der Lebensmittelmarken in der DDR

01.06.
Einführung der sozialistischen Namensgebung als Ersatz für die kirchliche Taufe

18.09.
Gründung der Fluggesellschaft **Interflug**

27.10.
Chruschtschow verlangt mit dem Berlin-Ultimatum Änderungen des Potsdamer Abkommens und droht damit, sowjetische Befugnisse über Berlin aus alliierter Zeit auf die DDR zu übertragen.

1959

01.01.
Nachdem General Batista in die Dominikanische Republik geflohen ist, wird **Fidel Castro** Regierungschef in Kuba.

24.04.
1. Bitterfelder Konferenz: Die Kampagne für eine enge Verbindung von Künstlern und Arbeitern wird auch als »Bitterfelder Weg« bezeichnet. Unter dem Motto »Greif zur Feder Kumpel! Die sozialistische Nationalkultur braucht dich!« nehmen rund 300 »schreibende Arbeiter« und etwa 150 Schriftsteller, darunter Erwin Strittmatter und Werner Bräunig, daran teil.

30.04.
Das Gaskombinat Schwarze Pumpe bei Spremberg produziert die ersten Briketts, die mit der Aufschrift »Flamme des Sozialismus« gepresst werden.

11.05.–20.06. und 13.07.–05.08.
Außenministerkonferenz der vier Großmächte in Genf

22.11.
Das **Sandmännchen** hat seinen ersten Auftritt im Deutschen Fernsehfunk (DFF). Erfunden hat es Gerhard Behrendt.

Unsere Kindheit

Schlettau im Erzgebirge, Mai 1955: Mutter und Kind beim Waldspaziergang. Trotz staatlich propagierter Gleichstellung gehörte die Kindererziehung in der DDR der 1950er Jahre zu den Aufgaben der Frauen.

Wir erblicken im geteilten Nachkriegsdeutschland das Licht der Welt. Fast alle Fabriken haben ihren Betrieb wieder aufgenommen, doch es mangelt noch immer an Materialien und Rohstoffen. So sind auch Textilien, Kinderwagen und Spielzeug Mangelware. Uns Kinder stört das nicht. Wir spielen mit allem, was wir in die Finger bekommen. Unserer Fantasie sind keine Grenzen gesetzt. Wir sind viel im Freien unterwegs – ob im Wald, auf der Straße oder in Hinterhöfen – und treffen andere Kinder in der Nachbarschaft. Unsere Eltern arbeiten hart und sind froh, wenn wir uns draußen allein beschäftigen. Zu Hause weht hingegen häufig ein rauer Wind.

Kinderzeitschriften

Vor dem 7. Oktober 1949 gehen die ersten Kinder- und Jugendzeitschriften in Druck: Die *ABC-Zeitung* und *Die Schulpost* (ab 1958 *Rakete*). In unserem Geburtsjahr erscheint erstmals *Der Junge Pionier* (ab 1958 *Die Trommel*). ***Mosaik*** (1955) und ***Bummi*** (1957) gehören zu unserer Lieblingslektüre.

Unsere Mütter sind starke Persönlichkeiten, die in den letzten Jahren die Gesellschaft zusammengehalten haben. Sie sind nicht nur Trümmerfrauen, sondern auch Kranführerinnen und Ingenieurinnen. Natürlich sind sie auch für unsere Erziehung verantwortlich und kümmern sich nebenbei noch um den Haushalt. Das Familienoberhaupt ist der Vater. Sein Wort ist Gesetz – Widerworte gibt es nicht! Zärtliche Gefühle für den Nachwuchs bleiben nicht selten auf der Strecke. Der Alltag ist geprägt von Härte – manchmal auch von Schlägen. Wir Kinder der Nachkriegszeit wachsen dennoch viel unbeschwerter auf als unsere Eltern.

In den 1950er Jahren kommt die Spielzeugproduktion wieder richtig in Schwung. Endlich gibt es in den

Geschäften wieder richtige Spielsachen zu kaufen, die vor allem in Betrieben im Raum Sonneberg hergestellt werden. Zu Weihnachten oder zum Geburtstag bekommen wir unsere erste **Puppe**, einen Stoffbären, Spielzeugsoldaten, Murmeln oder Kreisel. Wir sind stolz auf unsere kleinen Schätze. Auch Gesellschaftsspiele, **Einzapf-Baukästen** und Quartettspiele sind alsbald in jedem Kinderzimmer zu finden.

Unsere Lieblinge im Fernsehen

Meister Nadelöhr 1955 wird zum ersten Mal im DDR-Fernsehen **»Meister Nadelöhr erzählt Märchen«** ausgestrahlt, die später umbenannt wird in »Zu Besuch im Märchenland«.

Der damals 26-jährige Theaterschauspieler Eckart Friedrichson spielt bis zu seinem frühen Tod 1976 die Rolle seines Lebens. Über 20 Jahre lang erzählt er am Sonnabend (später am Sonntag) nachmittags Geschichten und singt sich, begleitet von seiner fabelhaft großen Zauber-Elle, mit »Ich komme aus dem Märchenland« in unsere Herzen.

Schneewittchenkuchen

Teig: 180 g Margarine · 180 g Zucker · 3 Eier · 5 EL Milch · 375 g Mehl · 1 Pck. Backpulver · 1 EL Kakao · 750 g Sauerkirschen

Creme: 1½ Pck. Puddingpulver · 500 ml Kirschsaft · 6 EL Zucker · 200 g Butter

Guss: 175 g Blockschokolade · 50 g Kokosfett · 1 Essl. Öl · evtl. Puderzucker

Zubereitung:

- Zutaten für den Teig (ohne Kakao, nur 3 EL Milch) verrühren und 2/3 gleichmäßig auf ein gefettetes Blech streichen. Den übrigen Teig mit Kakao und dem Rest der Milch verrühren und über die erste Teigschicht gleichmäßig verteilen. Die Kirschen gleichmäßig über die Teigschichten verteilen und alles im Ofen ca. 30 Min. bei 175 °C backen.
- Für die Creme Pudding mit Kirschsaft und dem Zucker kochen und abkühlen lassen. Mit der weichen Butter cremig rühren.
- Schokolade im Wasserbad schmelzen. Das flüssige Kokosfett und das Öl zugeben, abkühlen lassen.
- Den abgekühlten Kuchen zuerst mit der Creme bestreichen, den Schokoguss gleichmäßig darüber verteilen, alles kühl stellen.

Vor dem Servieren eventuell mit etwas Puderzucker bestäuben. **Guten Appetit!**

Unsere Schule

Mit der Fibel *Lesen und Lernen* haben wir Kinder in den 1950er Jahren Lesen und Schreiben gelernt.

Endlich ein Schulkind – stolz sind wir am Tag unserer Einschulung. Wir freuen uns darauf, Lesen, Schreiben und Rechnen zu lernen. Doch auch zehn Jahre nach Kriegsende mangelt es noch an Lehrern und Schulräumen. Flüchtlingskinder füllen mit uns zusammen die Klassenzimmer. Klassen mit bis zu 60 Schülern sind keine Seltenheit. Es fehlt außerdem an Fachräumen und Turnhallen. Wenn wir auf dem Land aufwachsen, besuchen wir vielleicht eine Mehrstufenklasse und lernen noch mit der Schiefertafel und Griffel schreiben.

Lieder wie »Der kleine Trompeter«, »Kleine weiße Friedenstaube« oder auch »Ich trage eine Fahne« begleiten uns über die Schulzeit. Schon in der ersten Klasse werden

Berlin, 1. Mai 1958: Junge Pioniere im Demonstrationszug auf dem Marx-Engels-Platz (heute Schloßplatz)

wir Jungpioniere und tragen stolz unser blaues Halstuch. Die feierliche Aufnahme findet am »Pioniergeburtstag«, dem 13. Dezember, statt. Wir lernen den Pionierknoten zu binden, der zu jedem Fahnenappell sitzen muss. Jeden Morgen grüßt uns der Lehrer mit »Für Frieden und Sozialismus – seid bereit!«. Wir antworten: »Immer bereit!« Mit 14 Jahren können wir Mitglied der Freien Deutschen Jugend (FDJ) werden. Seitdem grüßen wir vor Beginn des Unterrichts mit »Freundschaft«.

Da unsere Eltern berufstätig sind, bekommen wir unser warmes Mittagessen in der Schulspeisung. Nachmittags besuchen wir mit unseren Freunden und Klassenkameraden den Hort, wo wir gemeinsam unsere Hausaufgaben machen und spielen. Abends trifft sich die Familie zum kalten Abendbrot.

Im Allgemeinen gehen wir mindestens acht Jahre lang auf die Einheitsschule. Seit ihrer Einführung 1959 besuchen wir die Polytechnische Oberschule (POS). Ab der 5. Klasse kommt neben Geschichte, Geographie und den naturwissenschaftlichen Fächern noch Russisch hinzu. Außerdem stehen dann ESP (Einführung in die sozialistische Produktion), TZ (technisches Zeichnen) und ab der 9. Klasse Stabi (Staatsbürgerkunde) im Lehrplan. Um studieren zu können, müssen wir zwölf Jahre die Schule besuchen und beenden die Erweiterte Oberschule (EOS).

Polytechnischer Unterricht

Der polytechnische Unterricht war ein wichtiger Bestandteil der sozialistischen Bildung. Kinder sollten so von klein an mit der Arbeitswelt vertraut und möglichst früh in die Grundlagen der Produktionsprozesse eingeführt werden. Der Begriff geht zurück auf Henry Holmes Belfield, der 1883 die Chicago Manual Training School eröffnet hatte. Der Schwerpunkt des Praxisbezugs im Unterricht lag vor allem bei den Naturwissenschaften und zog sich durch alle Klassenstufen. Die Erst- bis Sechstklässler erhielten vor allem Werkunterricht und arbeiteten im Schulgarten mit, wo etwa Obst und Gemüse angebaut wurde.

Unsere Jugend

Bau auf, bau auf, Freie Deutsche Jugend, bau auf! 1963 feiern wir unsere Jugendweihe und werden unter den Augen unserer Eltern und Verwandten in den Kreis der Erwachsenen aufgenommen. Feierlich werden uns eine Urkunde, Blumen und das Buch *Weltall – Erde – Mensch* überreicht.

Natürlich haben wir uns richtig schick gemacht. So haben uns unsere Schulkameraden noch nie gesehen. Die Mädchen sind geschminkt, tragen Absatzschuhe und schöne Kleider, die Jungen kommen in Anzug und Krawatte. Ab jetzt siezen uns die Lehrer. Nach dem Gelöbnis ist die offizielle Zeremonie beendet und wir feiern zu Hause mit unserer Familie weiter. Diesmal dürfen auch wir mit einem Schluck Alkohol anstoßen. Verwandte und Nachbarn schenken uns Kuverts mit Geld, von dem wir uns etwas Langersehntes leisten: das erste Radio, Langspielplatten oder ein Fahrrad. Wir erinnern uns noch heute an diesen besonderen Tag, vor allem aber an die Feier mit unseren Klassenkameraden – nach dem Familienprogramm!

Wir können auch sonst unsere Jugend genießen. Unsere Eltern versuchen uns viel zu ermöglichen.

Wir gehen ins Kino, treffen uns mit unseren Freunden auf privaten Feten oder Tanzveranstaltungen und verlieben uns das erste Mal. Musik spielt dabei immer eine große Rolle. Die Beatles und die Rolling Stones erobern Deutschland und reißen auch uns, häufig zum Argwohn unserer Eltern, in ihren Bann. Beliebte Beatbands aus unserer Republik sind das Franke-Echo-Quintett, die Sputniks oder die Butlers. Schlager von **Bärbel Wachholz** und Frank Schöbel singen wir begeistert mit. Das Jugendradio DT 64 sendet ab 1964 unsere Musik.

Leider sind Schallplatten oder andere Begehrlichkeiten nicht leicht zu bekommen. Sieht man eine Schlange vor einem Geschäft, stellt man sich vorsichtshalber an oder bildet »sozialistische Wartegemeinschaften«. Vielleicht warten ja sogar Jeanshosen am Ende der Schlange.

Zwar verurteilt Walter Ulbricht die »Hotmusik« des Klassenfeindes und geht 1965 sogar offiziell gegen die Beatbands im eigenen Land vor, doch lassen wir jungen Leute uns auch nicht alles sagen. Mit Erich Honecker entspannt sich die kulturelle Lage zeitweise wieder. Da sind wir Anfang zwanzig. Mit der Beatmusik schwappt auch ein neuer Modestil in unser Land. Kürzere Röcke und längere Haare wollen wir tragen. Langhaarige junge Männer, mit Jeans und Parka bekleidet, werden allerdings schnell als Gammler verspottet.

Junge Männer am Gänsemännchenbrunnen in Weimar Anfang der 1960er Jahre

Wir als junge Erwachsene

Berlin, 1974: Große Freude herrschte bei dieser fünfköpfigen Familie nach dem Einzug in eine Neubauwohnung.

Nach der Schulzeit beginnen wir als junge Frauen in der Regel eine Ausbildung, als junger Mann gehen wir z ur Armee und leisten bei der NVA 18 Monate lang Wehrdienst. Wer sich dem widersetzt, muss mit harten Konsequenzen rechnen: Strafarbeit und Ausgangsverbot. Wieder zurück im normalen Leben wird oft auch eine Ausbildung gemacht, früh geheiratet und eine Familie gegründet. Auch ein Studium für junge Paare mit Kind ist nicht selten. Der Staat unterstützt derartige Bemühungen finanziell und mit einem exzellenten Betreuungsangebot für den Nachwuchs.

Eine eigene Wohnung und eigenes Auto bleiben zunächst ein Traum. Viele von uns leben zunächst noch bei den Eltern. Doch Anfang der 1970er Jahre lautet das ehrgeizige Motto Erich Honeckers: »Jedem seine eigene Wohnung«. Mit dem Wohnungsbauprogramm von 1973 entspannt sich die Lage im Land zunehmend, und auch wir können uns irgendwann den Wunsch nach den eigenen vier Wänden für unsere kleine Familie erfüllen.

Mit 18 Jahren melden wir uns für ein Auto an. Muss man doch für einen **Trabant** aus Zwickau oder einen Wartburg aus Eisenach durchschnittlich 15 Jahre Wartezeit in Kauf nehmen. Immerhin hat man so ausreichend Zeit, um die erforderliche Summe von um 10.000 bzw. 18.000 Mark anzusparen.

Unsere Freizeit genießen wir in vollen Zügen, und unseren Urlaub verbringen wir gern an der Ostsee oder im Harz. Auch Campingurlaub wird immer beliebter.
Eine spontane Reise ins Ausland ist nur in die Bruderländer Tschechoslowakei oder Polen möglich.

Familienurlaub im Ostseebad Ahlbeck (1970)

Seiten zum Selbstgestalten

Bildnachweis

BArch Bild 183-2005-0819-518 / Blunck: 4; BArch Bild 183-S86424 / Walter Heilig: 6; BArch Bild 183-19000-3301 / Zühlsdorf: 8 o.; BArch Bild 183-S93325 / Rudolph: 9; BArch Bild 183-S94715 / Rudolph: 12; BArch Bild 183-S91446 / Eva Kemlein: 13 r.; BArch Plak 005-035-027: 18 l.; BArch Bild 183-T00409: 25 r.; Bild 183-M0426-407 / Klaus Franke: 28 l.; BArch Bild 183-12033-0011 / Neufeld: 29 l.; BArch Bild 183-08483-0001 / Köhler: 29 r.; BArch Bild 183-S81491 / Eva Kemlein: 30 l.; BArch Bild 183-30536-0001 / Helmut Schaar: 31 l.; BArch Bild 183-L0721-407 / Klaus Franke: 34 l.; BArch Bild 183-L0817-421 / Klaus Franke: 35 r.; BArch Bild 183-R78767: 40 o.; BArch Bild 183-15770-0002 / Kleinlein: 40 u.; BArch Bild 183-J1231-1002-002 / Joachim Spremberg: 44 l.; BArch Plak 102-063-001: 44 r.; BArch Bild 183-K0608-0010-013 / Helmut Schaar: 45 l. o.; BArch DO 1 Bild-0023 / Brombach: 45 r.; BArch Bild 183-15879-0004 / Erich Höhne, Erich Pohl: 46 l.; BArch B 285 Bild-14676: 47 l.; BArch B 285 Plak-036-004: 47 r.; BArch Bild 183-29617-0003 / Horst Sturm: 48 l.; BArch Plak 102-003-018: 48 r.; BArch Plak 100-055-040: 49 l.; BArch Bild 183-N0528-403 / Joachim Spremberg: 49 r. u.; BArch Bild 183-K0618-0010-009 / Hubert Link: 50 l.; BArch Bild 183-L1102-405 / Joachim Spremberg: 51 l.; BArch Bild 183-1989-1107-403 / Thomas Uhlemann: 51 r.; BArch Plak 102-003-048: 52 l. o.; BArch Bild 183-55984-0002 / Rudi Ulmer: 55 u.; BArch Bild 183-58812-0004 / Zühlsdorf: 56; BArch Bild 183-C0520-0009-005 / Klaus Franke: 58 l.; BArch Bild 183-N0621-409 / Heinz Junge: 59 r. o.; BArch Bild 183-J0619-1004-001 / Klaus Franke: 59 r. u.   picture alliance/dpa/Heinz-Juergen Goettert: 8 u.; picture alliance/ZB/Archiv Berliner Verlag: 10, 23 l., 41 r., 42, 45 l. u., 53 M., 55 o.; 58 r.; picture alliance/akg-images: 13 l., 15 l., 20 u., 21, 25 l., 25 M., 30 r. u., 53 r.; picture alliance/ZB: 15 r., 16 l.; picture alliance/AP Images: 16 r.; picture alliance/dpa/Tass: 17; picture alliance/dpa/Kurt Rohwedder: 18 r.; picture alliance/IMAGNO/Votava: 19; picture alliance/ZB/Horst Sturm: 20 o., 52 r. u.; picture alliance/ullstein bild/Gircke: 22; picture alliance/United Archives/Siegried Pilz: 23 r.; picture alliance/Mary Evans Picture Library: 24; picture alliance/arkivi: 26; picture alliance/IMAGNO/Austrian Archives: 28 r.; picture alliance/Artcolor/A. Koch: 30 r. o.; picture alliance/The Advertising Archives: 31 r.; picture alliance/ZB/Klaus Winkler: 32, 46 r., 53 l.; picture alliance/dpa/Michael Kappeler: 34 r.; picture alliance/ZB/Frank Kruczynski: 35 l.; picture alliance/ZB/Karlheinz Schindler: 36; picture alliance/dpa/Dena: 37 l.; picture alliance/Robert Schlesinger: 37 r.; picture alliance/ullstein bild/Lothar Ruebelt: 38; picture alliance/dpa: 41 l., 57; picture alliance/dpa/UPI: 49 r. o.; picture alliance/ZB/Manfred Uhlenhut: 50 r.; picture alliance/ddrbildarchiv.de/Siegfried Bonitz: 52 r. o.; picture alliance/ZB/Stefan Sauer: 52 l. u.; picture alliance/Foodcollection: 54   Verlag Bild und Heimat: 59 l.

Es war leider nicht in allen Fällen möglich, die Rechteinhaber zu ermitteln.
Berechtigte Ansprüche bleiben gewahrt.

ISBN 978-3-95958-167-7

1. Auflage
© 2018 by BEBUG mbH / Bild und Heimat, Berlin
Text- und Bildredaktion: Christine Szyska
Umschlaggestaltung: Buchgut, Berlin
unter Verwendung je eines Motivs von © picture alliance / dpa / Christian Fürst (Vordergrund) und © picture alliance / akg-images (Hintergrund)
Innengestaltung: fuxbux, Berlin
Druck und Bindung: Graspo CZ

SUPERillu

In Kooperation mit der SUPERillu
www.superillu-shop.de